# Entwicklungsländer unter dem Aspekt der Dependenztheorien

## STUDIENARBEIT ZU ENTWICKLUNGSTHEORIEN UND MERKMALEN VON DRITTE-WELT LÄNDERN

### VON HEIDEGARD HEYM

STUDIENARBEIT

UNIVERSITÄT VECHTA

# Inhalt

# 1. Einleitung

In regelmäßigen Abständen berichten Medien über Hungersnöte und humanitäre Katastrophen aus Entwicklungsländern. Nahezu jeder Nachrichtenkonsument kennt Bilder von abgemagerten und entkräfteten Kindern. Zahlreiche Spendenaktionen werden im Zusammenhang mit den Begriffen „Dritte Welt", „Nichtindustriestaaten" und „arme Länder" ins Leben gerufen. Was aber bedeutet der Terminus „Entwicklungsland"? Welche Merkmale kennzeichnen die Entwicklungsländer? Ein Gegenstand der vorliegenden Arbeit wird die Klärung dieser Fragen sein, damit ein Einstieg mit geklärter Begriffsbestimmung in das Schwerpunktthema der Arbeit erfolgen kann. Dieser Schwerpunkt wird von den sogenannten Entwicklungstheorien gebildet, die versuchen Ursachen von Unterentwicklung aufzuzeigen bzw. Erklärungen für Unterentwicklung zu geben. Diese von den Entwicklungstheorien erhobenen Ursachen und Erklärungen sorgen für eine Erkenntnis, die eine zwingende Voraussetzung für die Entwicklung einer Erfolg versprechenden Vorgehensweise gegen Unterentwicklungen darstellt.[1] Speziell die Dependenztheorie als Entwicklungstheorie wird im Rahmen dieser Arbeit näher betrachtet und erklärt.

---

[1] Vgl. von Laer, 1993, S. 118

## 2. Entwicklungsländer

## 2.1. Definition

Entwicklungsland als Begriff löste in den 50er Jahren den Begriff „unterentwickelte Länder" ab und setzte sich auch aus diplomatischen Gründen durch. Länder als unterentwickelt zu bezeichnen wurde vielfach als diskriminierend und abwertend betrachtet, der Begriff des Entwicklungslandes hingegen als wertneutraler angesehen.[2]

Die Literatur weist darauf hin, dass es eine allgemeingültige und präzise Beschreibung des Begriffes Entwicklungsland nicht geben kann. Vielmehr würden sich Grundlagen für den Begriff ergeben, die durch die Verwendung häufig verwendeter Merkmalsbeschreibungen entstehen.[3] Für die Bundeszentrale für politische Bildung sind Entwicklungsländer „Staaten, die im Vergleich zu den Industrieländern (Erste Welt) unter anderem ein deutlich geringeres Sozialprodukt pro Kopf, eine geringe Arbeitsproduktivität, hohe Analphabetenquote und einen hohen Anteil landwirtschaftlicher Erwerbstätigkeit aufweisen".[4] Wagner verweist in diesem Zusammenhang ebenfalls auf die Industrieländer als Vergleichskriterium und beschreibt Entwicklungsländer typischerweise als Länder, „in denen große Bereiche der Wirtschaft noch vergleichsweise als ‚unterentwickelt' sind und die Mehrheit der Bevölkerung ‚arm' ist"[5]. Als Entwicklungsland bezeichnet man demnach also Länder,

---

[2] Vgl. Wagner, 1997, S. 4
[3] Vgl. Kaiser u. Wagner, 1991, S. 15; vgl. auch Kreuer, 1984, S. 11
[4] BPB, 2008, Lexikon: Entwicklungsland
[5] Wagner, 1997, S. 4

welche nach den materiellen, sozialen und gesundheitlichen Maßstäben der Industrieländer zurückgeblieben sind. Resümierend kann man feststellen[6]: „Entwicklungsland ist eine in vielen Bereichen rückständige Region."

Neben der fehlenden Einheitlichkeit eines allgemeingültigen theoretischen Konzeptes zum Begriff Entwicklungsland aufgrund vielzähliger, sich unterscheidender Begriffsumschreibungen, ist der Begriff an sich selbst problematisch. Der schwedische Ökonom Gunnar Myrdal kritisiert in diesem Zusammenhang, dass der Begriff „Entwicklungsländer" vorbelastet sei und zu Fehlschlüssen verleite[7]: „Er unterstelle in unangemessen optimistischer Weise, dass sich die diese Länder tatsächlich entwickelten." Es müsse jedoch geklärt werden, ob das in der Tat der Fall sein und wie diese Entwicklung aussehe. Darüber hinaus ist der Begriff der Entwicklung selbst auf mehreren Bedeutungsebenen zu betrachten. Denn er meint „mehr als nur bloßer „Übergang von Arm zu Reich"[8]. Diese von der „unabhängigen Kommission für internationale Entwicklungsfragen" (Brandt-Kommission) ausgegebene Definition von 1977 schließe nicht nur die Idee des materiellen Wohlstands, sondern auch die von mehr menschlicher Würde, mehr Sicherheit, <u>Gerechtigkeit</u> und <u>Gleichheit</u> ein.[9] Ein Jahrzehnt später wurde die Definition des Entwicklungsbegriffes um die Komponente der Nachhaltigkeit erweitert. Die "Weltkommission für Umwelt und Entwicklung" (Brundtland-

---

[6] Kreuer, 1984, S. 11
[7] Andersen, 1996, S. 6
[8] Andersen, 2008a
[9] Vgl. ebenda

Kommission) hat in ihrem 1987 vorgelegten, an Industrie- wie Entwicklungsländer gerichteten Bericht folgende Definition gewählt: "Unter dauerhafter Entwicklung verstehen wir eine Entwicklung, die den Bedürfnissen der heutigen Generation entspricht, ohne die Möglichkeiten künftiger Generationen zu gefährden, ihre eigenen Bedürfnisse zu befriedigen und ihren Lebensstil zu wählen. Die Forderung, diese Entwicklung 'dauerhaft' zu gestalten, gilt für alle Länder und Menschen."[10]

Andersen beschreibt in seiner Kritik über den Begriff des Entwicklungslandes einen suggerierten Prozess der Entwicklung, den die Entwicklungsländer danach aufweisen würden. Nach seiner Auffassung seien es aber gerade die Industrieländer, die sich am stärksten entwickeln würden. Aus diesem Grunde verweist er auf den im angelsächsischen Sprachgebrauch verwendeten Begriff der „weniger entwickelten Länder" als geeigneteren als den gebräuchlichen Begriff „Entwicklungsland".[11]

Unter Unterentwicklung versteht man die unzureichende Fähigkeit von Gesellschaften, die eigene Bevölkerung mit den notwendigen Gütern (v. a. Nahrungsmittel, aber auch Kleidung, ...) und Dienstleistungen (medizinische Grundversorgung, ...) für ein menschenwürdiges Leben zu versorgen.[12] Der nachfolgende Katalog an Merkmalen von Unterentwicklung soll, wenn auch nicht ganz vollständig, einen Überblick über die Probleme und Struktur von Entwicklungsländern geben. Er basiert auf die Angaben von Andersen[13], die durch die Verwendung hinzugezogener Literatur ergänzt werden.[14]

---

[10] Andersen, 2008a
[11] Andersen, 1996, S. 6
[12] Vgl. Wikipedia, 2008, *Entwicklungsland*

## 2.2. Merkmale von Entwicklungsländern

Das Zusammensetzen von Merkmalen, die auf eine Unterentwicklung hinweisen können, stellt den Versuch dar zentrale Entwicklungsprobleme aufzulisten. Merkmale können hier als Symptome der strukturellen Probleme von Entwicklungsländern verstanden werden. Es muss an dieser Stelle betont werden, dass es strittig ist, mit welchen gemeinsamen Merkmalen Entwicklungsländer beschrieben werden können, sodass die Folgenden lediglich als nicht vollständige Auflistung von Merkmalen anzusehen sind, die in der Literatur gängigerweise angeführt werden. Viele der Merkmale stehen in wechselseitiger Abhängigkeit zueinander und können daher nicht isoliert betrachtet werden.

---

[13] Vgl. Andersen 2008
[14] Vgl. BMZ, 2008; Wikipedia, 2008, *Entwicklungsland*; Andersen, 1996

## 2.2.1.  Ökonomische Merkmale

Andersen beschreibt ökonomische Merkmale von Entwicklungsländern, die sich zum einen auf der Ebene der Binnen- und zum Anderen auf der Ebene der Außenwirtschaft festmachen ließen.[15]

Im Bereich der Binnenwirtschaft sei ein geringes Bruttonationaleinkommen (früher: Bruttosozialprodukt) pro Kopf markantes Merkmal für ein Entwicklungsland. Demnach werde dieses, die wirtschaftliche Leistung einer Nation innerhalb eines bestimmten Zeitraumes messende Konstrukt, dass die Summer aller erzeugten Waren und Dienstleistungen darstellt, häufig als Indikator für Unterentwicklung verwendet. Andersen verweist zwar auf die methodischen Probleme, die mit der Messung des Bruttonationaleinkommens verbunden sind und die Aussagekraft einschränken, dennoch ist das niedrige Bruttonationaleinkommen das einzige Merkmal, das auf alle Entwicklungsländer zutrifft.[16] Daneben besteht die ungleiche Verteilung des Volksabkommens als weiteres ökonomisches Merkmal im Bereich der Binnenökonomie eines Entwicklungslandes.[17] Eine Minderheit der Bevölkerung verfügt über eine Mehrheit des Privateinkommens („Studien zeigen, dass die ärmsten 40 Prozent der Haushalte durchschnittlich nur über 13 Prozent der (...) Privateinkommen verfügen."[18]). Eng verbunden mit diesem geringen Einkommen ist eine kaum vorhandene Spartätigkeit, die Investitionen verhindere,

---

[15] Vgl. Andersen, 1996, S. 8
[16] Vgl. von Laer, 1993, 118
[17] Vgl. Ochel, 1982, S. 41
[18] Andersen, 1996, S. 8

da das ohnehin spärlich vorhandene Privateinkommen für die Befriedigung der Grundbedürfnisse eingesetzt werden müsse. Hinzu kommt eine Kapitalflucht der Vermögenden, die verstärkt im als finanziell sicher geltendem Ausland investieren. Die mangelnde Investitionsfähigkeit eines Entwicklungslandes spiegelt sich einer unzureichenden Infrastruktur wieder, die einen Ausbau der Wirtschaft verhindere. So seien Verkehrs- und Kommunikationsnetze solcher Länder nur mangelhaft ausgebaut.[19]

Interne wirtschaftliche Probleme von Entwicklungsländern sind zudem auch auf eine unzureichende Schul- und Ausbildung verbunden. So resultiere daraus eine übermäßig hohe Analphabetenrate, „die den Betroffenen eine Teilhabe am gesellschaftlichen und kulturellen Leben vorenthält"[20]. Geschürt würden diese Probleme u. a. auch durch schlecht qualifizierte Lehrer, die diesem Dilemma nicht entgegenwirken könnten. Viele Kinder würden erst gar nicht in den Unterricht geschickt werden, weil sie zum Unterhalt der Familie beitragen müssen. Eine hohe Arbeitslosenquote und schlechte Arbeitsbedingungen schwächen die Binnenwirtschaft zusätzlich. „In vielen Entwicklungsländern werden die von der Internationalen Arbeitsorganisation in Genf propagierten Kernarbeitsnormen - insbesondere Verbot von Zwangsarbeit, Kampf gegen Kinderarbeit, Vereinigungsfreiheit der Arbeitnehmer in Gewerkschaften - nicht eingehalten."[21]

In Entwicklungsländern dominiere der primäre Sektor (Land-, Forstwirtschaft, Fischerei und Bergbau) die Produktionsbereiche. Der Industrialisierungsgrad sei hingegen gering. Trotz der

---

[19] Vgl. Andersen, 1996, S. 8
[20] Ebenda
[21] Andersen, 2008

Dominanz des Primären Sektors sei eine verbreitete Unter- bzw. Mangelernährung in den Entwicklungsländern Realität. Entwicklungsländer, die ihre Nahrungsmittelproduktivität über das Bevölkerungswachstum steigern konnten, würden dennoch den ärmsten Einwohnern keine Versorgung mit ausreichend Nahrungsmitteln gewährleisten können.[22]

Im Bereich der Außenwirtschaft sei die Ausrichtung auf Industrieländer problematisch für die Entwicklungsländer. Entwicklungsländer würden sich in ihrer Produktionsstruktur stark an den Märkten der Industrieländer orientieren, sodass der Außenhandel fast ausschließlich mit der westlichen Welt erfolge und so eine Abhängigkeit schaffe. Eine meist einseitige Produktpalette bei Exportgütern, vor allem mineralische und agrarische Rohstoffe, führe zu einer extremen Empfindlichkeit gegenüber Nachfrageschwankungen, zumal eine Reihe von Entwicklungsländern sich dabei auf den Export von nur einem Produkt beschränke.[23]

Im Bereich des Austauschverhältnisses von Exporten und Importen eines Entwicklungslandes in gleicher Währung, würden preisbezogene Verschlechterungen dieser Terms of Trade als Begründung für außenwirtschaftliche Defizite herangezogen werden. Das bedeutet, „dass ein Land für die gleiche Summe seiner Exportgüter (...) nur eine geringere Menge seiner Importgüter (...) beziehen kann"[24], da beispielsweise die Preise

---

[22] Vgl. Andersen, 1996, S. 9
[23] Vgl. Andersen, 2008
[24] Andersen, 1996, S. 10

seiner Importgüter stärker gestiegen sein als die seiner Exportgüter. Damit habe sich aber, so Andersen, eine anhaltende Verschlechterung nicht nachweisen lassen. Man könne lediglich sagen, dass sich die Terms of Trade vor allem für die Rohstoffexporteure eher verschlechtert haben als für Ölexportländer.[25]

Andersen beschreibt die hohe Auslandsverschuldung als ein weiteres Merkmal von Entwicklungsländern bezüglich der Ökonomie in der Außenwirtschaft, die zwar derzeit stabilisiert aber dennoch ein ungelöstes Problem sei.[26] Sie seien Mittel, um „den Engpass einer zu geringen Kapitalbildung durch Rückgriffe auf Auslandskapital zu mildern"[27] und habe sich im Bereich der Entwicklungsländer seit den 70-ern in Verbindung mit ungünstigen weltwirtschaftlichen Bedingungen (Ölpreissteigerungen, Preisverfall für wichtige Rohstoffe der Entwicklungsländer, Zinsanstieg) zu einer ‚Schuldenkrise', die auch aufgrund der unsachgemäßen Verwendung der Kreditmittel (Prestigeobjekte, Waffenkäufe) zurückzuführen ist. Die Gesamtverschuldung der Entwicklungsländer betrug im Jahre 1980 noch 647 Milliarden Dollar, im Jahre 1996 bereits 2068 Milliarden Dollar (nach Angaben der Weltbank[28]).

---

[25] Ebenda
[26] Ebenda, S. 11
[27] Ebenda, S, 10
[28] Ebenda

## 2.2.2. Ökologische Merkmale

Ökologische Probleme bilden einen weiteren Merkmalsbereich von Entwicklungsländern, die aufgrund von „Folgeproblemen von Industrialisierung, Verstädterung und chemiegestützter Landwirtschaft"[29] entstanden sind. Daneben würden sich armutsbedingte Verzichte auf ökologische Auflagen und Schutzmaßnahmen eine Verschlechterung der Umweltprobleme verursachen. Bodenerosion würde in den empfindlichen und störanfälligen Ökosystemen der Entwicklungsländer landwirtschaftlich nutzbare Flächen unbrauchbar machen und die Desertifikation stark voranschreiten. Künstlich bewässerte Nutzflächen und die steigende Verunreinigung des Wassers z. T. durch den oben erwähnten Einsatz von Chemikalien führen zu einer Verknappung des nutzbaren Wassers. Die Armut der Bevölkerung würde auf die Staaten besonderen Druck ausüben, sodass der Boden etwa durch Überweidung oder die vorangetriebene Erschließung neuer landwirtschaftlich nutzbarer Flächen wie die Abholzung des Regenwaldes überlastet werde. Als Konsequenz des schwindenden Regenwaldes als ein Beispiel ökologischen Raubbaus, nimmt das Klima Schaden, so Fachleute[30], und sowohl Überflutungskatastrophen als auch stärkere Dürreperioden seien die Folge. Andersen[31] betont in diesem Zusammenhang die Rolle der Industriestaaten als schlechtes Vorbild. Sie würden die Notsituation der Entwicklungsländer ausnutzen, um ihren Müll sowie gefährliche Abfallstoffe in die

---

[29] Andersen, 2008
[30] Vgl. Andersen, 1996, S. 11
[31] 1996, S. 11

unterentwickelten Staaten exportieren und dort unter unzureichenden Sicherheitsmaßnahmen lagern. Zudem sei der Energie- und Rohstoffverbrauch pro Kopf in den Industriestaaten weitaus höher als der der Entwicklungsländer, was wiederum ein ungünstiges Modell im Sinne des Vorbildcharakters bedeuten würde. Meyns[32] betont diesen Zusammenhang des ökologischen Umfelds und den darin lebenden Menschen, der auch für die Ernährungssicherung von Bedeutung sei. Demnach bestehe für daran kein Zweifel, dass, so zeigen auch die oben angeführten Ausführungen, das ökologische System erheblichen Einfluss auf die Armuts- und damit verbunden die Hungersituation eines Entwicklungslandes hat.

---

[32] vgl. Meyns, 1992, S. 202/203

## 2.2.3. Demographische Merkmale

Das prägnanteste demographische Problem der Entwicklungsländer ist das extreme Bevölkerungswachstum in diesen Regionen. Auch hier hat der medizinische Fortschritt zu einer verringerten Sterberate geführt, wenngleich die durchschnittliche Lebenserwartung im Vergleich zu der der Industriestaaten um ca. 13 Jahre geringer ausfällt.[33] Zudem sei die Geburtenrate in den Entwicklungsländern im Verhältnis zu den Industrieländern relativ hoch, sodass Nuscheler beschreibt, dass 77 Prozent der Weltbevölkerung bereits in Entwicklungsländern lebt.[34] Daraus würden sich nicht nur Chancen, sondern vor allem Probleme sowohl in den Bereichen der Nahrungsversorgung, der Kapazität von Schulen und Wohnräumen als auch im Bereich der Gefahr der Überlastung von natürlichen Ressourcen ergeben.[35] So habe das Bevölkerungswachstum zu einer Halbierung des „bisherigen, durchaus beachtlichen wirtschaftlichen Wachstums"[36] umgerechnet auf den Pro-Kopf-Wert geführt. Der für die Entwicklungsländer typische Altersaufbau (ca. die Hälfte ist jünger als 20) lässt eine weiterhin große Anzahl an gebärfähigen Frauen erwarten, sodass der Trend zum Bevölkerungswachstum noch andauern werde.

Die bereits angesprochene Verstädterung, die charakteristisch für die Entwicklungsländer[37]: „Eine Urbanisierung hohen Ausmaßes findet vor allem in den Entwicklungsländern statt". Sie beschreibt

---

[33] Vgl. Andersen, 1996, S. 13
[34] Vgl. Nuscheler, 1995, S. 215
[35] Vgl. Andersen, 1996, S. 12
[36] Ebenda, S. 12
[37] Naini, 1992, S. 232/233

eine ungleiche Verteilung der Bevölkerung von Stadt und Land, auf eine Landflucht hinweise die Konsequenzen in sich birgt. Städtische Infrastrukturen seien dem Ansturm nicht gewachsen, sodass es zu Slumbildungen komme, die sowohl zu einer gesteigerten Kriminalität als auch zu einer ökologischen Belastung der Städte führe.

Unter gesundheitlichen Aspekten befindet sich die Bevölkerung der Entwicklungsländer im Vergleich zu den Industriestaaten in einem schlechten Zustand. Unzureichende Ernährung, schlechte hygienische Verhältnisse, unzureichende Wohnverhältnisse und der fehlende Zugang zu reinem, gesundheitlich unbedenklichemTrinkwasser wirken sich schlecht auf die Gesundheit aus. Auch an dieser Stelle wird die wechselseitige Wirkung der einzelnen Merkmalsbereiche zueinander deutlich, wenn die mangelnde Gesundheit sich auf negativ auf den Produktionsfaktor Arbeit auswirke.[38] Diese sei u. a. auch durch die ungenügende medizinische Versorgung verursacht worden. Indikator hierfür sei die Anzahl der Ärzte, die auf einen Einwohner kommen, der in den Entwicklungsländern auf ein schlechtes Verhältnis verweise. So seien Aids und andere Infektionskrankheiten vor allem ein Problem von Entwicklungsländern. [39]

---

[38] Vgl. Andersen, 1996, S. 9
[39] Ebenda

## 2.2.4.  Politische Merkmale

Nach Andersen handele es sich bei den Entwicklungsländern und ihren Staatsformen zumeist um autoritäre Regime, Oligarchien oder Diktaturen, die nur an der Fassade Demokratien darstellen. Paradoxerweise hat Gunnar Myrdal den Begriff des „schwachen" Staates für diese Formen der Staaten initiiert, der auf die Unfähigkeit dieser hinweist, ihre zentrale Aufgabe, nämlich den Entwicklungsprozess zu fördern, nicht nachgehen kann.[40] Zum täglichen Geschäft der Entwicklungsländer zähle die Korruption, die zwar auch in den Industriestaaten vorhanden sei, aber in einem weitaus weniger ausgeprägten Maße. Die Korruption würde die begünstigen, die ohnehin über das meiste Kapital verfügen, sodass das Vertrauen in die Legitimität des Staates mit seiner jeweiligen demokratisch scheinenden Staatsform schwinde. Politische Institutionen verlieren an Akzeptanz.

Zwar galten 118 Staaten von 191 im Jahre 2001 als demokratisch, dennoch würden Wahlen und der und der formale Status als Demokratie nicht ausreichen, um die anspruchsvollen Anforderungen von demokratischen Staatsformen zu erfüllen.[41] Diese fehlende Voraussetzung äußere sich neben dem Missstand der Korruption auch im Bereich der Menschenrechtsverletzungen. Hier mahnt Amnesty International an, dass, obwohl sich die meisten Entwicklungsländer vertraglich an die Menschenrechte gebunden haben, in der Praxis häufig Verletzungen dieser Rechte durch beispielsweise Folter finden lassen. Dies sei schwerpunktmäßig in den Entwicklungsländern zu finden.[42]

---

[40] Ebenda, S. 15
[41] Andersen 2008

Diese Liste steht exemplarisch für eine größere Liste von Merkmalen, die Bereiche von Entwicklungsländern beschreiben, in denen sich Unterentwicklung zeigen kann. Dabei sind die Ausprägungen von Entwicklungsland zu Entwicklungsland verschieden. Dabei muss nicht jeder Bereich auf ein Entwicklungsland zutreffen, dass man es als ein solches bezeichnen kann. Wie oben bereits angesprochen stehen einzelne Bereiche in Wechselwirkung zueinander, sodass durch diese Art der Beziehung „Teufelskreise" entstehen können, die den Entwicklungsprozess nachteilig beeinflussen können.[43]

---

[42] Vgl. Andersen, 2008
[43] Vgl. Andersen, 1996, S. 17

## 3.    Entwicklungstheorien

Entwicklungstheorien sind Konstrukte, die sich der Frage nach den Ursachen für Unterentwicklung widmen. Aus diesem Grunde wird in den jeweiligen Theorien „die Darstellung und Erklärung dieser Bestimmungsgründe sowie Kausalzusammenhänge, die zur Unterentwicklung haben"[44]. Aus ihnen würden durch ihre Analyse entwicklungspolitische Maßnahmen abgeleitet, mit deren Hilfe man die Unterentwicklung überwunden werden soll. Hemmer beschreibt die Aufgaben von Entwicklungstheorien dazu konform als „eine Beschreibung der Lage in den Entwicklungsländern", aus der sich die Frage stelle „welche Faktoren den unbefriedigenden Entwicklungsstand dieser Länder Verursachen"[45]. Demnach würde der Entwicklungstheorie die Aufgabe zugeschrieben „jene Faktoren aufzuzeigen, die den tatsächlichen Entwicklungsprozess eines Landes (...) bestimmen", damit die Erkenntnisse einer Theorie in den „rationalen Einsatz entwicklungspolitischer Maßnahmen (...) zu einem Erfolg versprechenden Strategie" [46] führen kann. Menzel verbindet bei seiner Definition von Entwicklungstheorien den Entwicklungsstand von Industriestaaten und Entwicklungsländer. Demnach enthalten diese Aussagen darüber „„warum es in den Industriegesellschaften [...] zu Wirtschaftswachstum, Industrialisierung, sozialer Differenzierung und Mobilisierung, [...] Demokratisierung und Umverteilung gekommen ist [...], bzw. warum in dem übrigen Teil der Welt diese Prozesse ausbleiben, nur unvollständig realisiert werden [...]".[47]

---

[44] Knall, 1986, S. 32
[45] Vgl. Hemmer, 2002, S. 145
[46] Ebenda
[47] Menzel zit. nach Thiel, 2001. S. 10

Entwicklungsprobleme gibt es viele, dementsprechend haben sich aus den jahrzehntelangem Bemühungen unterschiedlicher Wissenschaftler eine Vielzahl an Entwicklungstheorien ergeben, die sich in drei große Gruppen zusammenfassen und ordnen lassen: „Theorien, die von endogenen und exogenen Ursachen für Unterentwicklung ausgehen, oder Theorien, die Entwicklung als Abfolge bestimmter ‚Entwicklungsstufen' ansehen"[48] Endogene Theorien befassen sich mit den Ursachen, die im Entwicklungsland selbst liegen. Stufentheorien behaupten hingegen, dass die Entwicklung jeden Landes nach bestimmten, immer gleichem Schema ablaufe, wodurch sich Etappen innerhalb dieser Entwicklung ausmachen ließen.[49] Die exogenen Theorien gehen davon aus, dass von außen wirkende Ursachen die wirtschaftlichen Situationen von Entwicklungsländern verantworten. Wirtschaftliche, soziale und politische Einflüsse der Industriestaaten, vergangene oder auch derzeitige, würden als ursächlich für die eben beschriebene Situation von Entwicklungsländern angesehen werden.[50] Eine bedeutende Theorie dieser Gruppe von Entwicklungstheorien ist die so genannte „Dependenztheorie", die im folgenden Abschnitt näher hinsichtlich ihres Inhaltes und ihrer Entwicklung untersucht wird.

## 3.1. Dependenztheorie in der Entstehung

---

[48] von Laer, 1993, S. 118
[49] Vgl. ebenda, S. 121
[50] Vgl. ebenda, S. 120

Dependenztheorien entstanden der 60-er Jahre in Lateinamerika als Alternative zur Modernisierungstheorie. Diese Theorien gehen davon aus, dass die Ursachen von Unterentwicklung nicht in den Ländern selbst zu suchen sind, sondern dass sie ihren Ursprung in den Industriestaaten und in den Weltwirtschaftssystemen, dass durch ein strukturelles Übergewicht der kapitalistischen Industriestaaten bestimmt wird, haben.[51] Senghaas definiert den Unterentwicklungsbegriff aus Sicht der Dependenztheorien in diesem Zusammenhang als „das Ergebnis des Prozesses der Eingliederung von Gesellschaften Lateinamerikas, Afrikas und Asiens in ein durch die kapitalistischen Metropolen dominiertes Weltwirtschaftssystem, mit dem Ergebnis strukturell heterogener Gesellschaftsformationen, in denen eine koordinierte, auf die eigenen Bedürfnisse hinorientierte Entwicklung verhindert wird"[52].

Aus diesem Grunde liegt der Schwerpunkt der Dependenztheorien auf der Analyse der Abhängigkeit (dependencia). Danach würde die Abhängigkeit der Entwicklungsländer von den Industriestaaten selbst dann steigen, wenn einige privilegierte Schichten der Entwicklungsländer den gängigen Lebensstandard von Industriestaaten erreichen.[53]


Um die Dependenztheorien in ihrer Entwicklung beschreiben zu können, bedarf es einer kurzen Betrachtung von Vorgängertheorien, die ihrer Entwicklungsgeschichte vorangegangen sind. Diese Ansätze werden folgend in ihren

---

[51] Vgl. Storkebaum, 1992, S. 37
[52] Senghaas: zit. nach Storkebaum, 1992, S. 37
[53] Vgl. Storkebaum, 1992, S. 37

Umrissen als beeinflussende Konstrukte auf die Dependenztheorie dargestellt.

### 3.1.1.  Die Modernisierungstheorie

Die Anfänge der Entwicklungstheorien als eigenständige Disziplin sind im besonderen Maße von der Modernisierungstheorie beeinflusst worden, die in den USA ihren Ursprung hat. Ausgehend von der Annahme, dass alle Gesellschaftsformen einen gleichartigen Prozess der Entwicklung durchlaufen, mit dem Endpunkt dieses Prozesses einer modernen Industriegesellschaft „amerikanischen Zuschnitts"[54]. Dieser Endpunkt wird dabei als Konsequenz eines sozialen, politischen und ökonomischen Wandels angesehen, der aus einer Unterentwicklung als vorgeschichtlicher Naturzustand hervorgegangen ist. Die Modernisierungstheorie sieht die Gründe für Unterentwicklung bei gesellschaftsinternen (endogenen) Faktoren wie z. B. Kultur und Mentalität.[55]

---

[54] Vgl. Menzel, 1991, S. 23
[55] Vgl. Nohlen, 1996, S. 478

### 3.1.2. Singer/Prebisch-These

Obiger Ansatz wurde aufgrund seiner Ethno-Zentriertheit mit gleichzeitiger positiver Bewertung moderner und negativer Bewertung traditioneller Gesellschaftsformen kritisiert.[56] Die Singer/Prebisch-These Entwicklungstheorie basiert auf den Ausführungen des Argentiniers Raùl Prebisch und des Deutschen Hans Singer. Beide widersprachen der Annahme von endogenen Faktoren als Grund für Unterentwicklung. Sie gingen davon aus, dass der Handel zwischen Industriestaaten und Entwicklungsländern eher für Erstere rentabel ist. Die Terms of Trade, wie sie oben bereits beschrieben wurden, würden sich nicht zugunsten der Entwicklungsländer auswirken, sondern das Austauschverhältnis für diese Länder eher verschlechtern. Begriffe wie „strukturelle Heterogenität" und „Zentrum – Peripherie", die für Dependenztheorien bedeutsam sind, wurden von Prebisch aufgeworfen.[57]

---

[56] Vgl. Boekh, 1982, S. 135
[57] Vgl. Menzel, 1991, S. 27

### 3.1.3.  Neoimperialismustheorie

Paul Baran und Paul M. Sweezy betrachteten am Ende der 50-er Jahre unter Einbezug der klassischen Imperialismustheorie wie die Singer und Prebisch exogene Faktoren als Ursache für die Probleme von Entwicklungsländern. So standen sie der Modernisierungstheorie kritisch gegenüber und waren der Auffassung, dass die Industrienationen die Entwicklungsländer ausbeuten, indem sie diese indirekt beherrschen würden, obwohl diese der Form nach unabhängig von den früheren Kolonialherren waren. Die Ausfuhr von Surplus[58] aus den Entwicklungsländern sowie die wenig produktive Verwendung der restlichen Überschüsse wurden als ursächlich für Unterentwicklung gesehen.[59]

---

[58]  Vgl. Nohlen, 1996, S. 641: Surplus ist der Überschuss einer Produktion nach Abzug des Existenzbedarfs der                 produzierenden Menschen und nach Abzug des Ersatzes verbrauchter

Produktionsmittel

[59]  Vgl. Menzel, 1991, S. 27f

### 3.1.4. „Linker Strukturalismus"

Johann Galtung (Norwegen) und Osvaldo Sunkel (Chile) prägten den Begriff des ‚Linken Strukturalismus'. Als Vertreter der Neoimperialismustheorie orientierten sich beide am Strukturfunktionalismus von Talcott Parson und im Gegensatz zu Baran und Sweezy nicht an der marxistischen These der internationalen Ausbeutung. Nach ihrer Ansicht hat die Struktur des internationalen Systems Folgen für die davon abhängigen Länder.[60] In diesem Zusammenhang entwickelte Galtung das ‚Zentrum-Peripherie-Modell', das die Grundlage für spätere Dependenztheorien bilden sollte. Das Modell besagt, dass die Weltgesellschaft hierarchisch geordnet ist. Diese Ordnung sei durch einen kapitalistischen Weltmarkt und die damit einhergehende globale Arbeitsteilung entstanden.[61]

Hierbei werden die Industrienationen innerhalb des internationalen Systems als Zentrum betrachtet und die Entwicklungsländer als Peripherie, die durch das Zentrum gelenkt werden. Im Bezug auf die Politik liegen ähnliche Verhältnisse vor. So wird de Versuch eines Zentrums Eliten in den einer Nation der Peripherie anzusiedeln als Imperialismus bezeichnet. Die durch den Imperialismus gebildete Elite (Peripherie-Zentrum) hat eine enge Verbindung mit der Zentrumselite und teilt dieselben Interessen. Ihr wird daher die Aufgabe einer ‚Brückenkopf-Funktion' nachgesagt.[62]

### 3.2. Dependenztheorien und ihre Annahmen

---

[60] Ebenda, S. 28
[61] Vgl. Nohlen, 1996, S. 747
[62] Vgl. Menzel, 1991, S.113

Die Dependenztheorien waren ab Mitte der 60-er bis Anfang der 80-er Jahre im Fokus der entwicklungstheoretischen Diskussion. Als zweites großes Paradigma im Bereich der Entwicklungstheorien führten ihre Formulierungen aufgrund neuer Ansatzpunkte für den Forschungsprozess zu Studien und kontroversen Debatten.[63] Ihr allgemein theoretischer Anspruch als Globaltheorie gilt zwar heute als nicht erreicht, dennoch lieferten die Dependenztheorien eine bedeutsame vorläufige Annahme, die als heuristisches Hilfsmittel die Forschungen im Bereich der Entwicklungstheorien vorantrieben. So betonten diese neue Zusammenhänge, die induktiv nicht zu erkennen gewesen wären.[64] Dependenztheorien haben wie oben bereits beschrieben, das Ziel, Unterentwicklung dadurch zu erklären, dass die effektive Einbettung der betroffenen Entwicklungsländer in den von den Industrienationen dominierten Weltmarkt als ursächlich für Unterentwicklung angesehen wird und eben nicht eine mangelhafte.[65]

Die sich durchaus unterscheidenden Ansätze unterschiedlicher Dependenztheorien haben in erster Linie eine Gemeinsamkeit. Sie entwickeln alternativ zur Modernisierungstheorie Annahmen, die die historische Analyse von Kolonialismus und Neokolonialismus, die Kritik am Begriff der Entwicklung der Industrieländer und die Betonung von exogenen Faktoren als Begründung für Unterentwicklung in den Mittelpunkt rücken.

Die Dependenz-Ansätze zur Erklärung von Unterentwicklung widmen sich der Frage, inwiefern endogene und exogene

---

[63] Vgl. Boekh, 1982, S. 133, vgl. auch Nohlen, 1996, S. 162
[64] Vgl. Boekh, 1987, S. 167, vgl. auch Nohlen, 1996, S. 166
[65] Vgl. Boekh, 1982, S. 135

Faktoren Entstehung abhängiger Gesellschafts- und Wirtschaftsformen zusammentreffen. Zugleich versuchen sie ein mögliches Entwicklungspotential der in die Abhängigkeit gedrängten Länder zu untersuchen.[66] Im folgenden Abschnitt werden zwei Grundannahmen der Dependenztheorien näher beschrieben, die unter dem Punkt der Ausbeutungsthese zusammengefasst sind.

### 3.2.1. Ausbeutungsthese

Die Ausbeutungsthese ist die grundlegende Annahme der Dependenztheorien wenn es um die Argumentation für die Gründe von Unterentwicklung geht. Ihre Vertreter gehen davon aus, dass sich durch die Ausbeutung der Entwicklungsländer durch die Industrieländer die Abhängigkeit der Entwicklungsländer manifestiere. Demnach sei Unterentwicklung die Folge dieser Ausbeutung.[67] Dabei unterscheidet man zwischen zwei Formen von Ausbeutung:[68]

1. *Direkte Ausbeutung* (Dekapitalisierung)

Man spricht von einer direkten Ausbeutung, wenn Gewinntransfers (offen oder verdeckt) aus transnationalen Unternehmen aus den Entwicklungsländern in die Unternehmen der Industriestaaten fließen und sie dabei die Summe übersteigen, die die Unternehmen der jeweiligen Entwicklungsländer investiert haben. Folge daraus ist eine

---

[66] Vgl. ebenda, S. 136f
[67] Vgl. Boekh, 1982, S. 136f
[68] Vgl. Nohlen, 1996, S.163

Dekapitalisierung, die die Produktivkraft einheimischer Unternehmen hemmt, sodass das Realeinkommen der Bevölkerung als Konsequenz sinkt. Eine abnehmende Kaufkraft vermindert so einen stetigen Wachstum des Binnenmarktes.[69]

## 2. *Indirekte Ausbeutung* (durch Handel)

Diese zweite Annahme über die Gründe für die wirtschaftliche Unterentwicklung beschreibt den Verfall der Terms of Trade, die oben bereits beschrieben wurden, und als Folge dessen der ungleiche Tausch. Die Annahmen über die Terms of Trade dienten statistischen Untersuchungen von Raùl Prebisch, die eine langfristige Verschlechterung offenbarten. So gingen Dependenztheoretiker wie z. B. Ruy Mauro davon aus, dass der Verfall der Terms of Trade lateinamerikanische Länder zwang eine Steigerung der Exportproduktion bei gleichzeitig sinkenden Erlösen hinzunehmen, um eine Verringerung der Importe zu verhindern. Das führte zu negativen Auswirkungen auf das Realeinkommen und führte zu einer verminderten Kaufkraft, die für Absatzschwierigkeiten auf dem Binnenmarkt sorgte.[70] Externe Ausbeutungs- und Abhängigkeitsverhältnisse verhindern demnach, so die Dependenztheoretiker, einen Wachstum der Binnenwirtschaft.

Beide Ansätze, obwohl sie Ähnlichkeiten aufweisen, unterscheiden sich erheblich in ihrem empirischen Wert. Für die Dekapitalisierungsthese bestehen auf der Basis von länder- und industriespezifischen Untersuchungsdaten in der Tat empirische Anhaltspunkte. Für die Annahme über die Ausbeutung durch

---

[69] Vgl. Boekh, 1982, S. 138
[70] Vgl. ebenda

Handel zeigen sich jedoch mangelhafte empirische und theoretische Fundierungen.[71] Es bleibt also festzuhalten, dass keine der beiden Erklärungen eine ausreichende und allgemeingültige Erklärung für Unterentwicklung geben kann, da diese lediglich auf Entwicklungshemmnisse aufmerksam machen, aber nicht als alleinige Ursache angesehen werden kann.[72]

## 3.2.2. Strukturalistischer Ansatz

Dieser Ansatz der Dependenztheorien, der neben der Ausbeutungsthese den zweiten Argumentationsstrang der Theorien der ‚dependencia' darstellt, wurde in Deutschland vor allem durch Dieter Senghaas (These des peripheren Kapitalismus) vertreten.[73] Der Ansatz stützt sich auf merklich auf dem Konzept der strukturellen Heterogenität, das von Prebisch anfangs der 50-er Jahre entwickelt wurde, und bildet ein Gegenkonzept zum Dualismus der Modernisierungstheorie. Die Aufmerksamkeit wurde dabei auf die asymmetrischen Beziehungen zwischen den kapitalistischen Zentren und Peripherien gelenkt, wobei die Analyse der ökonomischen, sozialen und politischen Unterschiede zwischen den entwickelten Zentren und unterentwickelten Peripherien im Mittelpunkt stand.[74]

*Strukturelle Heterogenität* als Konzept geht von einer hierarchisch gegliederten Beziehung zwischen Zentrum und Peripherie aus. Dabei dominiert der moderne, kapitalistische Sektor den

---

[71] Vgl. Boekh, 1982, S. 195f
[72] Vgl. Nohlen, 1996, S. 164, vgl. auch Sauttner, 1986, S. 268
[73] Vgl. Nohlen, 1996, S. 164
[74] Vgl. Nohlen & Sturm, 1982, S. 92

traditionellen, vorkapitalistischen, der nach den Bedürfnissen des modernen Sektors ausgerichtet wird. Die Produktion aus Industriestaaten würde sich lediglich auf einen kleinen Über- und Mittelschichtmarkt innerhalb des Zentrums konzentrieren. Dementsprechend sei die Produktion der Peripherie durch eine abhängige Reproduktion geprägt. Eine fehlende Massenkaufkraft verhindere eine Verflechtung des Konsumgütersektors mit dem Kapitalsektor, was einhergehe mit dem Nichtzustandekommen von Aufbau, Erhalt, Erweiterung und Verbesserung der Produktionsgüter. Diese fehlende Dynamik würde einer autozentrierten Entwicklung im Wege stehen.[75]

Diese soeben angesprochene strukturelle Heterogenität und abhängige Reproduktion hat eine *Marginalität* (Existenz am Rande einer Gruppe, Anm. T.B.) zur Folge, die als Sinnbild für Unterentwicklung im Sinne der Dependenztheorien angesehen wird. Das bedeutet, Menschen werden am Rande der traditionellen Sektoren mit ausgeprägter Armut und Arbeitslosigkeit konfrontiert, die eine Chance auf Integration in den modernen kapitalistischen Sektor verwehre. So sei eine Koexistenz von ökonomischem Wachstum und Massenverelendung möglich.[76]

„Innerhalb der dependenztheoretischen Diskussion befindet sich der ‚strukturalistische Erklärungsansatz' auf festerem Boden als manche Varianten der Ausbeutungsthese".[77] Ein gleichzeitiges Ablaufen von ökonomischem Wachstum und

---

[75] Vgl. Boekh, 1982, S. 142

[76] Vgl. Alt, G. & Wrobél-Leipold, A., 1988, S. 27

[77] Sautter, 1986, S. 270

Massenarbeitslosigkeit ohne Rückgriffe auf mangelhafte empirische Konzepte kann durch diesen Ansatz erklärt werden. Darüber hinaus bietet er eine Erklärung für den Fortbestand von Unterentwicklung, die mit einer weltmarktabhängigen Entwicklung zusammenhängt. Schwachstellen bietet dieser Ansatz innerhalb der Dependenztheorien allerdings, wenn dieser nicht nur bestehende Unterentwicklung, sondern auch eine Unmöglichkeit der Entwicklung überhaupt erklären soll. [78]

### 3.3. Erkenntnisse für Entwicklungsstrategien

Trotz der kontroversen Diskussion dependenzorientierter Ansätze, wurde die Frage nach einer möglichen Entwicklung unter der Bedingung der Abhängigkeit eher oberflächlich beantwortet.

Vertreter der marxistischen Richtung vertraten die Meinung, dass Wachstum im abhängigen Kapitalismus zwar möglich sein, jedoch keine Entwicklung. Sie folgerten aus ihrer Analyse der sich immer wieder neu reproduzierenden Strukturen der Unterentwicklung, dass nur durch eine Ablösung dieser Strukturen durch eine sozialistische Revolution ein Ende von Abhängigkeit und Unterentwicklung möglich sei.[79] Die ‚bürgerlich-konservative Strömung' hingegen schloss eine Entwicklung in Abhängigkeit nicht aus. Sie gingen davon aus, dass eine Veränderung der Einbindung in den Weltmarkt eine Lösung sei und brachten die Forderung auf, die Weltwirtschaft neu zu ordnen.[80] Der deutsche

---

[78] Vgl. Boekh, 1982, S. 142

[79] Vgl. Boekh, 1982, S. 142; vgl. auch Nohlen & Sturm, 1982, S. 109
[80] Vgl. Boekh, 1982, S. 144

Dieter Senghaas sah in der Integration der Entwicklungsländer in den Weltmarkt das Hauptproblem bei der Überwindung von Unterentwicklung. Er entwickelte daher im Gegensatz zu der ‚bürgerlich-konservativen' Strömung einen „dissoziativ-autozentrierten" Entwicklungsansatz, der durch eine zeitlich begrenzte Abkopplung vom Weltmarkt bei gleichzeitig zunehmender Zusammenarbeit der abgekoppelten Länder untereinander sowie durch eine Umgestaltung inländischer Strukturen zum Erfolg führen werde. Diese dissoziative Strategie müsse solange verfolgt werden, bis eine Teilnahme der Entwicklungsländer am Weltmarkt gleichberechtigt möglich sei.[81]

---

[81] Vgl. Nohlen & Sturm, 1982, S. 110; vgl. auch Sautter, 1986, S. 274

## 4.    Abschließende Betrachtungen

Anfängliche Begeisterung und unkritische Rezeption für die Dependenztheorien als Affront gegen die Modernisierungstheorie wichen bald einer tief greifenden Kritik an den Ansätzen der Dependenztheoretiker.[82]

## 4.1.  Kritische Würdigung

Wie bereits erwähnt wurden die Argumente der Ausbeutungsthese aufgrund ihrer methodischen und empirischen Defizite bemängelt, sodass diese schnell in den Hintergrund gerieten und in der Diskussion der Dependenztheorien eine nachrangige Rolle einnahmen.[83] Das Konzept der strukturellen Heterogenität stand länger in der Debatte, da es eine andauernde Unterentwicklung trotz gleichzeitigem ökonomischen Wachstum erklären konnte.[84] Der bedeutsamste Kritikpunkt an den Dependenztheorien wurde die Wirklichkeit der Realpolitik. Die Erklärungskraft dieser Theorien wurde durch die Wachstumserfolge der ostasiatischen Schwellenländer unterwandert, die durch weltmarktorientierte Industrialisierungsstrategien Wachstumssteigerungen erreichen konnten. . Diese hätte es nach den dependenzorientierten Argumenten nicht geben können. Die unterschiedliche Dynamik in der Entwicklung und die starken Differenzierungsprozesse

---

[82] Vgl. Boekh, 1982, S. 144ff
[83] Vgl. Sautter, , 1986, S. 268ff
[84] Vgl. Boekh, 1982, S. 142

innerhalb der Regionen der Entwicklungsländer konnten ebenfalls durch die Dependenztheorien nicht einheitlich und analytisch kategorisiert werden. Die Dependenztheoretiker erreichten lediglich eine Umkehrung der Modernisierungstheorie: Kapitalismus war nicht Beginn für Entwicklung, sondern Beginn für Unterentwicklung.[85]

Ähnliches Muster zeigte sich bei der Erklärung von Ursachen von Unterentwicklung. Während Modernisierungstheoretiker ausschließlich endogene Gründe zur Erklärung heranzogen, beschränkten sich die Dependenztheorien auf exogene Faktoren und blendeten subjektive Faktoren wie das Denken, Streben und Handeln der jeweiligen Länder in ihrer Analyse aus.

## 4.2. Weiterentwicklung

Zu Beginn der 80-er Jahre rückten die Dependenztheorien in den Hintergrund ob ihres Scheiterns an der Realität. Es folgte kein neues Paradigma als Ablösung der Dependencia-Ansätze. Vielmehr fand eine Verzweigung in unterschiedliche Richtungen statt.[86] Der bereits erwähnte Dieter Senghaas als deutscher Vertreter der Dependenztheorie kehrte der exogenen Ursachenforschung den Rücken zu und widmete sich Untersuchungen von Transformations- und Innovationsfähigkeiten einzelner Gesellschaften, sodass man hier von einer Rückbesinnung auf modernisierungstheoretische Fragestellungen sprechen kann.[87] Darüber hinaus wurde eine

---

[85] Vgl. Nohlen, 1996, S. 165ff
[86] Vgl. Boekh, 1982, S. 133

Theorie, die eine Weiterführung der Dependenztheorie darstellt und versucht die Imperialismustheorie in ihrem klassischen Gewand mit der Dependenztheorie zu vereinen („Theorie des kapitalistischen Weltsystems") als einheitliches Theoriegebäude aufgestellt. Hierbei kommt es zu einer Verabsolutierung des Weltmarktes als ein Weltsystem, das alles bestimmt.[88] Das Konzept einer nachhaltigen Entwicklung („sustainable development") wurde als neuer entwicklungstheoretischer Ansatz aufgebracht. Nach der Definition der Brundtland-Kommission wird dabei Nachhaltigkeit als 1987 als eine Entwicklung, die derzeitige Bedürfnisse befriedigt, ohne die Bedürfnisse zukünftiger Generationen zu riskieren.[89] Dieser Ansatz birgt jedoch die Gefahr in sich, zu einer inhaltslosen Phrase zu verkommen, da er wenig präzise und mangelnde operationelle Konkretisierung bereithält.[90]

---

[87] Vgl. Nohlen, 1996, S.166
[88] Vgl. ebenda
[89] Vgl. wikipedia: Brundtland-Bericht
[90] Vgl. Nohlen, 1996, S. 642

## 4.3. Schlussbemerkung

Trotz der Erkenntnis, dass die Dependenztheorien heute kaum noch Bedeutung haben, haben sie in der Debatte um die Entwicklung erkennbare Einflüsse ausgeübt.[91]

Sie konnten den Entwicklungsbegriff neu definieren, indem sie nicht bloß Entwicklung mit ökonomischem Wachstum gleichsetzten, sondern soziale Indikatoren miteinbezogen haben.[92] Die Argumentationen der Dependenztheorien haben zur Forderung der Entwicklungsländer geführt, die Weltwirtschaft neu zu ordnen mit dem Ziel Strukturunterschiede zu beseitigen. Daraufhin wurde im Jahre 1974 die „Charta über die wirtschaftlichen Rechte und Pflichten der Staaten" unterzeichnet, in der die Vereinten Nationen u. a. die Schäden durch Kolonialismus, Ausbeutung und nicht gerechten Handelsbeziehungen anerkannte und zum Ausgleich der entstandenen Schäden aufforderte. Darüber hinaus war der Einfluss der Dependenztheorien auf die Entwicklungspolitik allerdings begrenzt.[93]

Verdienst der Dependenztheorien ist eine Hervorhebung des lange Zeit unbeachteten Aspekts eines internationalen Kontextes von Unterentwicklung. Darüber hinaus hielten sie Arbeitshypothesen bereit und wirkten dem dominierenden ahistorischen Verständnis von Entwicklung, das durch die Modernisierungstheorie vertreten wurde, entgegen.[94]

---

[91] Vgl. Boekh, 1987, S. 167
[92] Vgl. Boekh, 1982, S. 143
[93] Vgl. Nohlen, 1996, S. 518
[94] Vgl. Boekh 1985, S. 151

Ein Scheitern der Dependenztheorien kann deshalb zustande, da diese kein Paradigma mit globalem Anspruch aufbringen konnten und somit kein umfassendes Theoriegebäude gegeben war.[95] Ihre Bedeutung für eine große Zahl der Entwicklungsländer besteht heute in der Funktion einer Sammlung heuristischer Entwürfe und einer Situationsanalyse der wirtschaftlichen und politischen Hierarchisierung der Welt, die mit einer Arbeitsteilung im internationalen Rahmen verbunden ist.[96]

---

[95] Vgl. Boekh, 1987, S. 167
[96] Vgl. Nohlen, 1996, S. 166

## 5. Literatur

Andersen, Uwe (1996): Grundlegende Probleme der Entwicklungsländer. In: Bundeszentrale für politische Bildung (Hrsg.), *Informationen zur politischen Bildung, Entwicklungsländer.* Bonn: Bpb (Heft 252).

Alt, Gerhard/ Wrobél-Leipold, Andreas (1988): *Armut im Süden durch Wohlstand im Norden?* Nachträge und Schlaglichter zur Dependenztheorie. Würzburg: Hanns Seidel Stiftung.

BMZ (Bundesministerium für wirtschaftliche Zusammenarbeit und Entwicklung (2004): *Medienhandbuch Entwicklungspolitik 2004 / 2005.* Berlin.

Boekh, Andreas (1982): Abhängigkeit, Unterentwicklung und Entwicklung. In: Nohlen & Nuscheler (Hrsg), *Handbuch der Dritten Welt - Unterentwicklung und Entwicklung: Theorien – Strategien – Indikatoren.* 2. Auflage. Hamburg: Hoffmann und Campe.

Boekh, Andreas (1985): Dependencia. In: D. Nohlen (Hrsg.), *Dritte Welt.* München: Piper (Pipers Wörterbuch zur Politik, Bd. 1).

Boekh, Andreas (1987): Entwicklungstheorien. In: D. Nohlen & R. Waldmann (Hrsg.), *Dritte Welt.* München: Piper (Pipers Wörterbuch zur Politik, Bd. 6).

Hemmer, Hans-Rimbert (2002): *Wirtschaftsprobleme der Entwicklungsländer.* 3., neu bearbeitete u. erw. Auflage. München: Franz Vahlen.

Kaiser, Martin / Wagner, Norbert (1991): *Entwicklungspolitik* – Grundlagen, Probleme, Aufgaben. 3. überarb. Aufl. Bonn: Bundeszentrale für politische Bildung (Studien zur Geschichte und Politik, Bd. 303).

Knall, Bruno (1986): *Entwicklungsländer und Weltwirtschaft – eine Einführung.* Darmstadt: Wissenschaftliche Buchgesellschaft.

Kreuer, Werner (1984): *Entwicklungsländer, Entwicklungshilfe, Entwicklungspolitik.* Herausgegeben v. Karl Eckart. Frankfurt am Main: Diesterweg (Materialien zur Geographie, Sekundarstufe II).

Menzel, Ulrich (1991): *Geschichte der Entwicklungstheorie – Einführung und systematische Bibliographie.* Hamburg: Übersee Institut.

Meyns, Peter (1992): Hunger und Ernährung. In: Nohlen & Nuscheler (Hrsg.), *Handbuch der Dritten Welt – Grundprobleme, Theorien, Strategien. 3.*, völlig neu bearb. Aufl. Bonn: J. H. W. Dietz Nachf. GmbH.

Naini, Ahmed (1992): Probleme des Bevölkerungswachstums. In: Bernhard Fischer

(Hrsg.), *Die Dritte Welt im Wandel der Weltwirtschaft - Herausforderungen an die Entwicklungspolitik.* Hamburg: Weltarchiv.


Nohlen, Dieter (1996): *Lexikon Dritte Welt.* Reinbek bei Hamburg: Rowohlt.


Nohlen, Dieter/ Sturm, Roland (1982): Über das Konzept der strukturellen Heterogenität. In: Nohlen & Nuscheler (Hrsg.), *Handbuch der Dritten Welt - Unterentwicklung und Entwicklung: Theorien – Strategien – Indikatoren.* 2. Auflage. Hamburg: Hoffmann und Campe.


Nuscheler, Franz (1995): *Lern- und Arbeitsbuch Entwicklungspolitik.* Bonn: Dietz.


Ochel, Wolfgang (1982): *Die Entwicklungsländer in der Weltwirtschaft.* Eine Problemorientierte Einführung mit einem Kompendium entwicklungstheoretischer und –politischer Begriffe. Köln: Bund.

Sautter, Hermann (1986): Entwicklung durch Weltmarktassoziation – Unterentwicklung durch Dissoziation? In: Simonis, Udo Ernst (Hrsg.), *Entwicklungstheorie – Entwicklungspraxis. Eine kritische Bilanzierung*. Berlin: Duncker & Humblot (Schriften des Vereins für Socialpolitik).

Storkebaum, Werner (1992): *Die Dritte Welt – Entwicklungsländer in der Krise*. Braunschweig: Westermann (Diercke Oberstufe).

Thiel, Reinhold (2001): Zur Neubewertung der Entwicklungstheorie. In: Thiel (Hrsg.), *Neue Ansätze zur Entwicklungstheorie*. Bonn: Deutsche Stiftung zur internationalen Entwicklung (Themendienst der zentralen Dokumentation, Nr. 10).

von Laer, Hermann (1993): *Entwicklungstheorie in Wissenschaft und Unterricht. Frankfurt*: Diesterweg.

Wagner, Helmut (1997): *Wachstum und Entwicklung –* Theorie der Entwicklungspolitik. 2., erw. Auflage. München; Wien: Oldenbourg.

## 6.  Internetquellen

Andersen, Uwe (2008a). *Entwicklungsdefizite und mögliche Ursachen* – In: Bundeszentrale für politische Bildung (BPB): Entwicklung und Entwicklungspolitik. Informationen zur politischen Bildung. Bonn (Heft 286). Zugriff am 05.02.2008 unter

http://www.bpb.de/publikationen/IGB69Q.html


Bundeszentrale für politische Bildung (2008): Lexikon: Entwicklungsland. Zugriff am 05.02.2008 unter

http://www.bpb.de/wissen/H75VXG,0,0,Begriffe_na chschlagen.html?submit_wis_buchstaben=E&wis_se arch_action=search&wis_search_type_buchstaben= 4

BMZ    (Bundesministerium    für    wirtschaftliche
Zusammenarbeit und Entwick- lung)    (2008*): Glossar
*Entwicklungsland*. Zugriff am 05.02.2008 unter

http://www.bmz.de/de/service/glossar/Entwicklungslan
d.html


Wikipedia    (2008):    *Entwicklungsland.*    Zugriff    am
05.02.2008 unter

http://de.wikipedia.org/wiki/Entwicklungsland


Wikipedia    (2008):    *Brundtland-Bericht.*    Zugriff    am
11.02.2008 unter

http://de.wikipedia.org/wiki/Brundtland-Bericht

www.ingramcontent.com/pod-product-compliance
Lightning Source LLC
Chambersburg PA
CBHW062026280526
45787CB00005B/2226